BRON
CÓ
PO
LIS

10

Retos Urbanos de Reynosa

Carlos
Nuño
Robles

NOTA INTRODUCTORIA

Durante demasiado tiempo predominó la especulación de los terrenos urbanos, que fueron convertidos en propiedades particulares mediante tráfico de influencias y el uso de información privilegiada. La avaricia desmedida y la falta de equilibrios institucionales propicio que las ciudades fueran despojadas por particulares de las áreas que debían de haberse destinado a jardines, canchas deportivas, centros culturales, escuelas, etc.

El autor enuncia algunos de los problemas urbanos que son comunes en la región del noreste de México y seguramente en muchas localidades del país, En pequeños poblados, pero desgraciadamente también en las grandes ciudades.

En ese sentido, Reynosa, Tamaulipas, tiene problemas semejantes a muchas otras ciudades particularmente de la franja fronteriza, que por el crecimiento explosivo y desordenado hacen que la escala y profundidad de sus carencias requiera de medidas drásticas de todo tipo, inmediatas o mejor dicho urgentes, así como de mediano y largo plazo.

Es claro que todos estos males tienen soluciones o por lo menos medidas paliativas para hacerlas más soportables, pero nada podrá resolverse sin planeación, sin participación de los vecinos y de las autoridades de todos los niveles, sin una auténtica voluntad de enfrentarlos y resolverlos y finalmente, sin transparencia en el manejo de los recursos públicos.

CONTENIDO

1. **Los caídos de la red de drenaje**

Lo conocí hace como año y medio. Era apenas un bache a media calle, más profundo que sus vecinos. Luego fue creciendo, primero alguien puso una rama para alertar a los automovilistas y transeúntes, posteriormente atravesaron una llanta y después, al cumplir su primer año ya ocupaba medio arroyo y lo marcaron con listones amarillos de peligro. Cuando tengo que cruzar la calle paso con mucho cuidado por un pasillo que en cualquier momento puede derrumbarse. Si se asoma uno a una orilla llegan olores pestilentes, se escuchan las aguas negras correr mansamente por alguna vía subterránea fuera de la cañería en dirección a la recién saneada Presa de la Laguna.

Odio a este caído, pero ya le puse hasta nombre se llama Amado Nervo Cavazos.

Derrumbes como el descrito existen por toda la ciudad, tapas de alcantarilla levantadas o robadas, son peligros que se suman a la ya de por sí azarosa vida de los reynosenses y al auge de los talleres de llantas, amortiguadores, suspensiones y mofles. El municipio informa haber reparado, con un gran costo, hasta 40 caídos por año, pero por lo que se ve tapan uno y aparecen dos, se trata como la tragedia de los baches, del cuento de nunca acabar.

Sospecho, como medio mundo, que la bronca debe ser mayúscula. Pero no conozco una cuantificación y menos una valorización de COMAPA del costo para un arreglo en forma, de la red de agua y drenaje.

Por los años 70s, con una tercera parte de su población actual, los servicios en las calles y viviendas estimo que eran como sigue: 80 por ciento electricidad, 40 por ciento agua entubada, 30 por ciento pavimento, 20 por ciento drenaje. Las casetas de madera de las letrinas de pozo eran parte del paisaje urbano.

Durante la administración de Manuel Garza González, la Junta Federal de Mejoras Materiales encargó un proyecto de la red de alcantarillado a una empresa especializadas de la Ciudad de México. Una o dos administraciones después se realizaron los trabajos.

Por donde está la unidad deportiva se fabricaban los grandes tubos de concreto armado para los ramales principales. Eso pasó hace más de 40 años y seguramente lo que quede de la red original ya cumplió su periodo útil de vida.

Ni pensar que el organismo operador municipal tenga ni la capacidad técnica ni la capacidad financiera para resolver el problema.

La COMAPA de Reynosa ha reportado en el 2015 un déficit de 200 millones anuales, manifestó ese mismo año un pasivo de 600 millones, está sobrecargada de personal y para colmo reiteradamente ha sido acusada de ser una caja chica del PRI. Es posible que algo parecido pase en otras ciudades de Tamaulipas.

Muchos y muy graves son los problemas de nuestra entidad, este es uno gordo, tendrán que enfrentarlo las próximas autoridades, una oportunidad para demostrar los Vientos de Cambio. Es un reto muy duro.

2. ¿Agua embotellada o de la llave?

Cuando la abuela requería abastecerse de agua para beber, tomaba su cántaro de barro y se iba al ojo de agua allá en nuestro pueblo. Le encantaba porque decía que era muy limpia y sabía a chicle. Siempre fue muy sana y vivió casi un siglo. La ropa y las sábanas se lavaban en los arroyos transparentes y se ponían a secar al Sol en los huizaches. Para el baño sabatino y para el aseo de la casa y el lavado de los platos había aguadores ambulantes y más tarde llaves comunales en las esquinas. Las letrinas no usaban líquido. Cuando apareció por el pueblo un camión que vendía garrafones, ofrecían en un vaso una prueba a los desconcertados vecinos, uno de ellos después de un gran trago, arrojó con gran fuerza el buche que había tragado exclamando con enojo ¡Eeeees aguaaaaaa!
En 1964 siendo Presidente de la República Adolfo López Mateos y Gobernador de Tamaulipas Praxedis Balboa, fue puesta en funcionamiento la planta potabilizadora que hoy lleva el nombre de Pastor Lozano, su primer gerente, la instalación ha tenido 3 ampliaciones, en 1972, 1980 y 1990. Recuerdo a los cuates Noé y Aarón Sosa Garza, magníficos ingenieros estructuristas, de aquí mero, que trabajaban para la Constructora Río San Juan, a cargo de las obras.

He visitado muchas veces la planta, incluso hace muchos años les construí una subestación eléctrica, siempre me impresionaron sus instalaciones, sus grandes motores y bombas, sus enormes filtros de arena y tanques de decantación y almacenaje. El diseño era alemán y se contaba con equipos duplicados de respaldo para dar el mantenimiento sin perder la continuidad del servicio. Posiblemente se rebasó la capacidad de la instalación y al no hacerse las inversiones requeridas, se reforzó la operación con los respaldos, o como se puede explicar que para reparar una bomba en la obra de toma, se tenga que interrumpir el vital servicio en algunas zonas de la ciudad.

En tiempos en que recurríamos a un pasador, comprábamos en el otro lado refrigeradores con un aditamento automático para hacer hielo. Hacíamos pasar el líquido del grifo por un filtro, lo conectábamos con una manguera al refri y listo. Luego fue perdiendo prestigio el agua entubada y volvimos a hacer los hielos con agua de garrafón. Ni hablar de beber agua de la llave, por eso prosperaron enormemente las refresqueras y las embotelladoras de agua. Peor cuando a raíz de la construcción de la Presa del Cuchillo la fuente principal pasó a ser en lugar del Río San Juan el contaminado Río Bravo.

En documentos de la COMAPA se asienta que el agua de la red es totalmente potable y bebible, algunas transnacionales aceptan que usan en sus productos agua de la llave con algún sistema de filtración. Las casetas que venden agua a granel para rellenar garrafones no pueden tener otra cosa que un simple filtro.

Parece que el problema es universal, los Estados Unidos es el principal consumidor de agua embotellada, luego sigue México. En Europa es más cara una botella de agua que una copa de buen vino. Hay quienes opinan que el agua embotellada es más un asunto de mala comunicación, de consumismo y de estatus social. Pero cuando abro la llave del lavabo en ocasiones salen feos olores y en el tinaco se forma una gruesa capa de lodo. A la mejor con un filtro adecuado esto se corregiría. No me arriesgo.

3. **Reynosa: Plato roto**

Desde la azotea de la casa puedo ver mi centro de trabajo a unos 500 metros en línea recta. Para llegar ahí en automóvil recorro como 3 veces esa distancia. Lo que ocurre es que no hay una vía directa entre esos dos puntos claves en mis actividades cotidianas. Primero debo dirigirme en dirección opuesta a mi meta hasta una vialidad congestionada, esperar una luz verde para tomar una calle que me lleve a un puente sobre el canal Rodhe, seguir por una lateral que pasa a 50 metros de la oficina, pero la calle termina en un callejón y debo rodear un gran terreno baldío. En el trayecto paso como 10 topes, 8 baches y 2 alcantarillas abiertas.

Esto es consecuencia del crecimiento anárquico de Reynosa, en los años 60s. Se intentó un plano rector que pusiera orden en el desarrollo de la ciudad. Fue obra del gran urbanista Mario Pani. No se acató. Compárese la traza de las ciudades vecinas del Valle de Texas, todo está bajo un plan maestro, que se respeta, la nomenclatura puede ser numérica o con nombres en orden alfabético. En contraste, visto desde el aire, el trazo de Reynosa semeja un plato quebrado, las decenas o cientos de colonias parecen pedacera esparcida al azar. Esto pasa cuando los dueños de los terrenos son los que dirigen el desarrollo de la ciudad.

Aparte del crecimiento caótico, Reynosa está tasajeada por los canales Rhode y Anzalduas, los derechos de vía de los ductos de Pemex y de las torres de CFE, los puentes elevados Pharr y Mission y la vía del ferrocarril. En una colonia los vecinos exigieron otra escuela ante el peligro de que sus hijos cruzaran las vías del tren para llegar a la primaria que les fue asignada.

Naturalmente todo esto impacta sobre los costos y tipo de equipamiento urbano, se requieren muchos puentes y pasos a desnivel, las vías pavimentadas se alargan, los servicios públicos: agua, drenaje, electricidad, transporte, gas, telefonía, cable, etcétera, deben brincar entre asentamientos desarticulados.

Hace años en Monterrey se llevó a cabo una reordenación urbana, bajo una Ley estricta, el proyecto fue encabezado por el reynosense Eduardo Lalo Garza González. Los resultados fueron espléndidos, al cabo de los años la Sultana del Norte es una ciudad muy disfrutable. En algún número de la revista Expansión, leí una encuesta acerca de la valoración que hacían los propios vecinos sobre su localidad. Se tomaban en cuenta factores como equipamiento urbano, facilidades educativas, calidad de gobierno y servicios municipales. Me sorprendió muchísimo ver que en ese año Mexicali fue la número uno no obstante que en verano la ciudad es un horno peor que Reynosa. Luego venían urbes más lógicas como León, Querétaro, Mérida y Guadalajara. Por cierto, que esa misma revista nominó a Reynosa como una de las 5 mejores ciudades para invertir...

Eran otros tiempos, ahora la sufrida metrópoli bronca requiere muy fuertes vientos de cambio, si le va bien a Cabeza de Vaca y a Maki le va bien a Tamaulipas y a Reynosa. Ya se deben unir las piezas del plato roto.

4. El transporte público urbano

"El servicio de transporte urbano de Reynosa, fue fundado en el año de 1939 por el Sr. Francisco Icaza, y esto fue únicamente con dos unidades. Se recuerda que durante mucho tiempo se les llamó camionetas, y que cuando el precio del pasaje fue de un peso se originó el nombre de peseras, como actualmente se les conoce. En esta nota nos enteramos, que la ruta principal del transporte urbano, fue por muchos años la Puente y Colonias, debido a que ésta recorría las 10 colonias de la pequeña ciudad de 40 mil habitantes que era Reynosa. La queja de los automovilistas de aquellos años, es la misma que la de los actuales. 50 años después, es el mismo abuso debido a la complacencia de las autoridades que nada hacen para corregir esta situación". Tomado de La Máquina del Tiempo, nota de Roel S. López Olivares, miembro de la Sociedad de Historia de Reynosa.

Créanme por favor que he recorrido casi todas las ciudades más grandes o de tamaños comparables de México, y el sistema de transporte público de Reynosa es el peor o uno de los peores de nuestro país.

En 1957 cuando llegué a Reynosa la concesión pertenecía a Doña Ernestina Icaza de Contreras, creo que ya tenía más de 100 unidades y la señora era muy ordenada y manejaba bien su empresa.

El negocio del transporte público estuvo por muchos años controlado por dos grupos políticos antagónicos: los autobuses por el ex alcalde José Cruz Contreras y los taxis por el líder de la CTM Reynaldo Garza, la rivalidad no se limitaba solo a los negocios sino al control político de la ciudad. En los años 70s cuando la CTM puso taxis peseros en las rutas, como alternativa a los camiones de Contreras, estalló la violencia en plena plaza principal. A la larga se disolvió la empresa de camiones y aparentemente triunfó Reynaldo.

Según datos del gobierno del estado, en Reynosa hay 1200 concesiones de ruta (¿autobuses?), 1426 taxis libres, 351 taxis de sitio, 256 transportes escolares, 523 transportes de personal. Pocos no son...

La mayoría de los camiones son desechos de transportes escolares americanos, a muchos ni siquiera los repintan y les quitan los rótulos. Por lo que se ve ni buses ni taxis llevan placas.

En una conferencia de prensa la Dra. Maki, entonces Presidenta electa, afirmó que va a dignificar el transporte público de Reynosa, anunció proyectos para líneas de metrobús, semejantes a la que acaban de iniciar en la costera de Acapulco y que tan buenos resultados han dado en León y desde luego en la Ciudad de México. Deben hacerse muchas vialidades para los carriles de estos transportes y para que mejores unidades de camiones y taxis puedan circular por la maraña de colonias de nuestra ciudad. Todo esto es un reto mayúsculo, pero como todos, de urgente resolución. Los Reynosences de corazón, debemos apoyar sin titubeos la transformación de Reynosa.

5. ¿Asfalto o Concreto? ¿Gratis o Por Cooperación?

Don Toño llegó desde el norte de Veracruz, movilizado por Pemex a la flamante Refinería de Reynosa. Tenía entonces cerca de 30 años, venían con él su esposa y 3 hijos. Como no alcanzó casa en la Colonia Petrolera, compró a plazos un lote en un fraccionamiento próximo a su trabajo. Ahí hizo su hogar, ahí crecieron sus hijos y ahí vivió hasta que se jubiló y murió de viejo. Cuando adquirió el terreno de unos 500 metros cuadrados, el lugar no tenía un solo servicio público, era únicamente un calichal con algunos fresnos y huizaches delimitado por unas estacas. En un principio les pasaron agua con una manguera desde la red de Pemex, con barrotes de pino improvisaron una red eléctrica. Poco a poco fueron extendiéndose los servicios públicos. Después de unos 15 años el sindicato petrolero pavimentó la ruta principal de acceso a la ya populosa colonia.

El drenaje y el pavimento fue lo último en llegar. Por fin un día apareció una motoconformadora y se iniciaron los trabajos de pavimentación de su calle. Las obras caminaron a paso de tortuga, después de unos 3 meses una pipa hizo el riego de impregnación de chapopote, nuevamente se detuvo la obra cuando solo faltaba tender el pavimento asfáltico. En eso llegó una lluvia torrencial y se anegó la calle. Cuando don Toño se informó, le dijeron que el contratista había cobrado por adelantado y había abandonado esa y otras vialidades más que le quedaron pendientes. Durante más de 10 años su calle apareció en los informes como pavimentada. En el trienio 2005-2007 siendo Presidente Municipal Francisco García Cabeza de Vaca, se llevó a cabo por colaboración tripartita, un gran programa de pavimentación con concreto hidráulico financiado por CeMex, por fin después de medio siglo, se pavimentó la calle de Don Toño y las de varias colonias vecinas y no tan vecinas.

Para la gente de Reynosa no nos es difícil apreciar las ventajas del pavimento de concreto hidráulico. Puede que la inversión inicial sea más costosa, pero requiere de muy poco mantenimiento y resiste mucho más que el asfalto los encharcamientos a consecuencia de la falta de drenaje pluvial. Posiblemente es más barato el asfalto, a la mejor hasta lo donaba Pemex, aunque se me hace que con la crisis ya no puede. Pero cuando llueve en nuestra ciudad los baches se reproducen más que los hongos.

En las recientes administraciones municipales se han pregonado programas de pavimentación con concreto hidráulico, "gratis", es obvia la crítica velada al programa del ahora Gobernador Electo, vale la pena analizar qué tan cierto y que tan efectivo resulta este concepto.

Lo primero es que en realidad no hay nada gratis, los fondos vienen de nuestros impuestos y muchas veces estos programas se usan con propósitos electoreros. La mayoría de los vecinos preferían pagar a plazos por una obra inmediata que les acarreará grandes beneficios, que esperar hacia un futuro incierto por más que les digan que no les van a cobrar nada. Es claro que en el caso tripartita se tendrán que hacer excepciones en la obligatoriedad de la cooperación cuando el caso así lo amerita.

6. **La basura**

Cuenta "El Güero" que su familia tenía varios carretones tirados por bestias, nos dice que desde niños él y sus hermanos ayudaban en la recolección y selección de la basura. Me deja asombrado cuando platica que todos se alimentaban de la comida que encontraban en las bolsas de desechos. Sin embargo, su organismo había creado defensas que les permitían mantenerse perfectamente sanos a salvo de infecciones. Lo narra sin pizca de pena y hasta con cierta fanfarronería. "El Güero" es sumamente inteligente, aprendió el oficio de plomero, luego se hizo un buen electricista y puso su propio negocio, aunque solo estudió la primaria sus clientes le llamaban ingeniero. Él no lo era pero sus dos hijos si se graduaron de ingenieros electromecánicos.

La historia no es solo inspiradora en cuanto a la superación personal, sino que además nos muestra la dignidad del trabajo.

Muchos años después, el sistema de acopio de basura sigue siendo inoperante. Hasta la fecha casi todos los días pasa por la casa nuestro carretonero, con su caballito famélico que da lástima. Lo tenemos que emplear porque el servicio concesionado llega solo una o dos veces por semana y en ocasiones, como ahora, tiene varias semanas que ni sus luces.

Hasta hace unos 20 años el municipio directamente, con camiones recolectores propios, hacia el trabajo, luego sorpresivamente surgió una empresa concesionaria local, hubo bronca y fue cambiada por una foránea. En los finales de las administraciones surgen problemas y reclamos de adeudos, a veces con gran escándalo.

Según datos de Semarnat, en Reynosa se producen 700 toneladas de basura diariamente, la concesionaria usa 35 camiones y debe recorrer 405 colonias, el municipio no tiene un relleno sanitario propio, los tiraderos oficiales a cielo abierto son Las Anacuas y Las Calabazas, donde se cobran 40 pesos por carretón, hay otros 52 tiraderos ilegales donde se deposita el 15 por ciento de lo que se recolecta. Para el municipio los más de 300 carretones tirados por equinos, son un apoyo y al mismo tiempo son un mal necesario.

Aparte de las pepenas que se dan en los tiraderos para separar los materiales que se puedan vender para su reciclaje, ni en sueños se contempla un proyecto de industrialización y aprovechamiento de desechos. La población no apoya en la clasificación de los residuos, ni siquiera existen los medios para que pudiera participar. Habría que echarle mucha inversión y mucho coco

.

7. Las vialidades

Para una urbe del tamaño de Reynosa son muy escasas las vialidades en relación a su flujo vehicular, con mucho, este se encajona en el Boulevard Hidalgo (hacia Monterrey) y en el Boulevard Morelos (hacia Matamoros). Como vialidades muy importantes se tienen el libramiento Reynosa-Matamoros, el Boulevard Colosio, el Boulevard del Maestro y su prolongación al puente Mission, la salida a San Fernando y la salida a la carretera Rivereña.

La oficina fiscal tiene un registro de 210 mil vehículos en el municipio, si le sumamos los no registrados, los tejanos y los que solo están de paso por la ciudad, las calles de Reynosa pudieran estar recorridas por un cuarto de millón de automotores.

La cifra en si es intimidante, aun para una ciudad bien comunicada, pero si tomamos en cuenta las condiciones de las vialidades este asunto se convierte en un gran dolor de cabeza para los habitantes y probablemente para las autoridades.

La traza urbana y los obstáculos naturales y artificiales para la integración de las distintas áreas de la ciudad. No solo se requieren calles amplias y pavimentadas, sino que se tienen que hacer puentes,

17

pasos a desnivel, rellenos, reubicar construcciones en calles invadidas o que taponen la comunicación.

8. Parques, campos deportivos, equipamiento urbano

A los reynosenses les gusta practicar el deporte. No puede ser de otra manera, la población está formada mayoritariamente por jóvenes, los adolescentes y los jóvenes menores de 30 años son casi la mitad de los habitantes de Reynosa.

Existen instalaciones deportivas, por supuesto, las principales son el Parque de béisbol López Mateos, el estadio de futbol de la unidad deportiva, que cuenta también con una alberca olímpica y un auditorio; la Universidad Autónoma de Tamaulipas tiene un buen gimnasio y canchas para distintos deportes. Algunas escuelas tienen canchas y auditorios y están activas ligas estudiantiles de basquetbol, futbol y béisbol.

Debemos agregar que hay una fuerte oferta y demanda de gimnasios privados, dirigidos a sectores de la clase media, donde se practican artes marciales, físico culturismo y distintas modalidades de ejercicio de salón.

No obstante, más de la mitad de los deportistas, sobre todo los de bajos recursos económicos, practican sus deportes en canchas improvisadas, pedregosas y sin pasto. En ocasiones los padres deben pagar cuotas por el uso de algún terreno privado, por los honorarios de los entrenadores y árbitros. Amén de uniformes y materiales deportivos.

A pesar de que son notorias las grandes superficies de terrenos baldíos o muy mal aprovechados en medio de asentamientos sobrepoblados, el municipio se duele de que carece de superficies que pudieran incorporarse al equipamiento urbano como áreas deportivas, centros culturales, parques y jardines.

Existe un déficit tremendo entre la relación de áreas verdes y recreativas y las zonas pobladas. En algunos países se acostumbra que hasta un 40 por ciento de su población practiquen deportes y actividades al aire libre, pero para que esto ocurra se requiere que por lo menos la tercera parte de las ciudades sean áreas verdes.

Afortunadamente en 1997 fue decretada el área natural protegida de "La escondida" con una extensión de 320 hectáreas, El vaso lacustre fue sometido a un costoso proceso de descontaminación y en su entorno se construyó el Parque Cultural y Recreativo y se continuó el desarrollo de una unidad deportiva.

También merecen destacarse las instalaciones de "La Playita" en la presa derivadora Anzaluas sobre el Rio Bravo y ahí mismo el desarrollo turístico privado El Santuario, con un zoológico y que ofrece paseos en el paquebote "Pachamama"-

.

9. Contaminación visual

¿Qué le parecería ver una pila de latas de cerveza vacias en medio de un prado cruzado por un arroyo transparente, o una mosca ahogándose en su tasa de café? De alguna manera es tan desagradable como ver diseminados todo tipo de logotipos mercantiles en los uniformes de nuestro equipo de futbol favorito, la contaminación está relacionada con encontrar algo que rompe la armonía y que esta fuera de lugar.

Disfrutamos atardeceres maravillosos y un cielo azul profundo que podría inspirar a los mejores paisajistas del orbe, pero nuestras calles se ven sucias, descuidadas, incapaces de atraer la atención de los numerosos visitantes que solo vienen por negocios o porque solo la cruzan veloces, de paso rumbo a los puentes internacionales.

Por mucho que queramos a Reynosa no estamos ciegos para no darnos cuenta que salvo la Laguna de la Escondida y la Presa Anzalduas, tenemos muy pocos espacios para presumir.

Aunado a la pobreza de atractivos nuestra ciudad adolece del abuso de contaminantes visuales, que agravan aún más la situación.

Los contaminantes son los carteles, los cables y postes de las redes eléctricas, las antenas de microondas y todos aquellos elementos no arquitectónicos que por su fealdad, dimensión, ubicación, desorden y abundancia agreden y contaminan la apariencia del entorno.

La carencia de normas o su falta de observancia llegan al colmo de que el escaso mobiliario urbano sea usado abusivamente como soporte de horripilantes anuncios de cerveza, comida chatarra y todo tipo de propaganda dañina no solo al medio ambiente sino a la salud y convivencia de la población. Naturalmente detrás de todo esto hay un gran negocio de renta de espacios propagandísticos, que es la visión de empresarios influyentes a quienes solo les interesan sus negocios.

10. Erosión en el campo, los terregales.

El tipo de suelo predominante en la región es la caliza, no es extraño que antiguamente a los reynosenses les llamaran "caleros" por los numerosos hornos para producir cal, muy en uso en la construcción. Esta es la razón por la que en brechas, calles y solares despojados de vegetación se produzca un polvo finísimo, casi como talco, que con los vientos del norte, en invierno, y del sureste en casi todo el resto del año invada, todos los rincones de las casas y no le demos cuartel sobre nuestros vehículos.

Demás está decir que a la primera lluvia este talco se convierte en un chicle o zoquete pegajoso, que hace intransitables las calles y pone a sufrir a los habitantes de las colonias que carecen de pavimento.

Desde que se inició su poblamiento así ha sido esta bendita ciudad, pero el problema se incrementó después de que, en las tierras vecinas, en los años setentas, se deforestaron 100 mil hectáreas, durante la "revolución verde", para cambiar el uso del suelo y convertirlo de ganadero a agrícola de temporal.

Se trataba de cultivar en estas tierras sorgo y maíz, pero la erosión eólica y periodos de sequía afectaron a la delgada tierra vegetal y en pocos años bajó la producción al punto de hacerla incosteable. Ahora se ha intentado volver a sembrar pastos.

La erosión del suelo agrícola ha sido tan grave que en algunos meses del año la carretera asfaltada de Reynosa a San Fernando, se ha cubierto, en algunos tramos, por gruesas capas de polvo que hacen peligrosa su circulación.

El daño ecológico tardará mucho tiempo en resolverse, si es que se hace algo en ese sentido, lo principal es la reforestación de la zona.

La lluvia de arena y polvo que tanto afecta a Reynosa requiere que se construyan barreras rompe vientos con plantas nativas de la región que soporten los periodos de sequias, así como las temperaturas extremas, en verano e invierno, propias de la región.

Dentro de la ciudad es indispensable obligar a los propietarios de terrenos baldíos a que los tengan limpios, sembrados de pasto o por lo menos cercados.

.